**Bibliografische Information der Deutschen Nationalbibliothek:**

Die Deutsche Bibliothek verzeichnet diese Publikation in der Deutschen National-
bibliografie; detaillierte bibliografische Daten sind im Internet über http://dnb.d-
nb.de/ abrufbar.

**Impressum:**

Copyright © 2016 GRIN Verlag
Druck und Bindung: Books on Demand GmbH, Norderstedt Germany
ISBN: 9783668822979

**Dieses Buch bei GRIN:**

https://www.grin.com/document/439580

Anonym

**Erotik hinter Klostermauern. Darstellungen von Nonnen in den Mären des 13. und 15. Jahrhunderts**

GRIN Verlag

**GRIN - Your knowledge has value**

Der GRIN Verlag publiziert seit 1998 wissenschaftliche Arbeiten von Studenten, Hochschullehrern und anderen Akademikern als eBook und gedrucktes Buch. Die Verlagswebsite www.grin.com ist die ideale Plattform zur Veröffentlichung von Hausarbeiten, Abschlussarbeiten, wissenschaftlichen Aufsätzen, Dissertationen und Fachbüchern.

**Besuchen Sie uns im Internet:**

http://www.grin.com/

http://www.facebook.com/grincom

http://www.twitter.com/grin_com

# Erotik hinter Klostermauern
## Darstellungen von Nonnen in den Mären des 13. und 15. Jahrhunderts

Inhaltsverzeichnis

Abbildungen

Literaturverzeichnis

# 1. Einleitung

Beschäftigt man sich mit weiblichen Geistlichen in der Märendichtung wird man feststellen, dass sich die aktuelle themenrelevante Forschung und Literatur hauptsächlich mit männlichen Klerikern befasst. Einer der Gründe mag wohl sein, dass diese in den Mären dominieren und häufiger aufgegriffen werden. Insgesamt 115 Mären beschäftigen sich mit dem mittelalterlichen Klerus, aber in nur 13 von diesen werden Nonnen zu handelnden Akteurinnen. In sieben treten sie als Haupt- oder Nebenfigur auf.

Diese Arbeit wird die Darstellung von Nonnen in den Mären in besonderem Hinblick auf Erotik und den Umgang mit Sexualität behandeln. Ich möchte die Fragen beantworten, wie die Nonnen dargestellt werden und wie sie selbst, sowie ihre Umwelt auf ihren Umgang mit Sexualität reagieren. Wie ist insbesondere die erwartete Reaktion beim Rezipienten? Weiterhin möchte ich historisch ergründen, warum das zentrale Thema in Nonnenmären Sex und Erotik ist, aber diese im Gegensatz zu Mären, in denen Mönche auftreten, so spärlich gesät sind. Diese Wenigen lassen sich in Kategorien einteilen, die ich vorstellen möchte und in die ich die Mären, mit denen ich arbeiten möchte, eingeordnet habe. Deutlich sollen hier die unterschiedlichen, beinah gegensätzlichen Darstellungen der Nonnen werden, die in den Mären konstruiert werden.

Für meine Analyse habe ich mich für die vier Mären des 15. Jahrhunderts entschieden, in denen Nonnen vertreten sind. Dazu gehören *Das Nonnenturnier, Gold und zers* und *Die Nonne im Bade*. Hinzuziehen möchte ich das bekannte Märe *Der Sperber* aus dem 13. Jahrhundert.

Diese Arbeit knüpft an ein genderrelevantes Seminar an. Ich möchte daher mit einem kurzen Abriss der Gender Studis beginnen. Da ich die Ansicht vertrete, dass ein Text nie außerhalb seiner Zeit steht und um die genannten Fragen hinreichen beantworten zu können, wird der Analyse eine kurzer Darstellung der Rahmenbedingungen der mittelalterlichen Lebenswelt vorangehen.

Alle Titel der verwendeten Mären, sowie Auszüge daraus wurden in dieser Arbeit kursiv gesetzt.

## 2. Gender Studies

Die Gender Studies gehen aus dem US amerikanischen Feminismus der 1970er Jahre hervor. Auf den kleinsten Nenner gebracht bezeichnen diese die kulturwissenschaftliche Forschung zur Geschlechterdifferenzierung. Sie beobachten und untersuchen unter anderem ob und wie Gesellschaft Geschlechter unterscheidet und wie die Definition und Differenz hergestellt wird. Seit der Frauen- und Geschlechterforschung in den 80er Jahren wird zwischen „sex", dem biologischen Geschlecht, und „Gender", dem sozialen Geschlecht, deutlich unterschieden. Bahnbrechend war damals die Erkenntnis, dass Unterscheidungen zwischen Frauen und Männern nicht nur aufgrund körperlicher Unterschiede, sondern vor allem in Bezug auf soziale Ausprägungen zu erklären sind. Die Vorstellung über Frauen und Männer unterliegt einem kulturellen Wandel und wird historisch beeinflusst.

Einen Anstoß zur Verknüpfung dieser noch jungen Fachrichtung mit der germanistischen Mediävistik gaben zum größten Teil Judith Butler und Thomas Laqueur. Um die Anwendbarkeit ihrer Theorien kreisen die aktuellen Diskussionen in der germanistischen Mediävistik. Butler erklärte die Performativität der sozialen Geschlechtsidentität im Zusammenhang mit den biologischen Gegebenheiten des menschlichen Körpers. Geschlechterunterschiede werden nach ihr nicht biologisch vorgegeben, sondern allein durch Sprache künstlich erzeugt. Falsch verstanden wird ihre Theorie, wenn man annimmt, „Butler mache die Unterscheidung zwischen *sex* und *gender* überflüssig und halte beide Kategorien für frei verfügbar, sozusagen frei im Diskurs schwebend und jederzeit umgestaltbar. Sie verweist jedoch ausdrücklich auf die Machtfülle normativer Zuschreibungen und fordert explizit eine in der Geschichte der Körper codierte Geschichte der geschlechtlichen Differenz."[1]

Laqueur machte mit der medizinhistorischen Sichtweise deutlich, dass im Mittelalter die Vorstellung eines Ein-Geschlecht-Modells vorherrschte. Nach dieser Vorstellung sind Mann und Frau prinzipiell ein und das gleiche, Frauen wurden nur als eine minderwertige Ausführung des Mannes verstanden. Schon damals existierte ein androzentrisches Weltbild und ein Patriarchat.

Joan Cadden stellte in ihrer Studie „The Meanings of Sex Difference in the Middle Ages" fest, dass im Mittelalter nicht strikt zwischen *sex* und *gender* unterschieden wurde und soziale Rollen zur Beschreibung von biologischen Geschlechtern zu Hilfe genommen wurden.

Simon Gaunt geht ferner davon aus, dass Machtstrukturen und Hierarchien durch spezifische Konstruktionsweisen von Weiblichkeit und Männlichkeit sowohl naturalisiert aber auch unterlaufen werden können.

---

[1] Zit. Schmitt, Kerstin: Poetik der Montage. Figurenkonzeption und Intertexualität in der Kudrun, in: Philologische Studien und Quellen, Band 174, Berlin 2002, S. 27.

Wie man sehen kann, gibt es einige Theorien und Forschungsansätze zu den Gender Studies in der Mediävistik. In meiner Arbeit möchte ich nicht nur berücksichtigen, ob Geschlecht in den ausgewählten Texten konstruiert wird, sondern auch wie dies geschieht.

## 2. Historischer Abriss

Ein Text steht nie außerhalb seiner Zeit. Das heißt, literarische Werke spiegeln immer einen Teil der jeweiligen Realität war, in der sie entstanden sind. Daher wird es für die Analyse in dieser Arbeit nötig sein, soziale und kulturelle Gegebenheiten miteinzubeziehen und sich mit der historischen Figur der Geistlichen im Mittelalter auseinanderzusetzen. Das 14. und 15. Jahrhundert wird in der Forschung zunehmend als eine Krisenzeit bezeichnet. Da dieser Begriff allerdings ein „intaktes" Hochmittelalter evoziert, schlägt Marga Stede vor : „[...] vom Spätmittelalter als einer Zeit des Epochenwandels zu sprechen."[2] Dieser Epochenwandel ist allumfassend und erstreckt sich auf alle Bereiche des menschlichen Daseins. Folgend werde ich die wichtigsten historischen Ereignisse dieser Zeit kurz skizzieren, in denen die Geistlichen den Unmut der Gläubigen erregten.

In Folge des Investiturstreits von 1075 bis 1122 verlor das Papsttum an Bedeutung und musste sich neuen Herausforderungen stellen, da die fortlaufende Urbanisierung die Struktur der Gesellschaft und das Leben jedes einzelnen zunehmend veränderte. Fehlende Bereitschaft war zum größten Teil das Problem, warum sich die Kirche nur schwer in die neuen gesellschaftlichen Ordnungen einfügen wollte. Der Klerus profitierte von den wirtschaftlichen Veränderungen der neuen Lebensart in den Städten, doch eine vollständige Integration sah er nicht vor. Das Bürgerrecht anzunehmen, hätte weniger positive als negative Konsequenzen für sie bedeutet, da dies eine enorme Einschränkung der klerikalen Privilegien bedeutet hätte. Sie forderten auch weiterhin von der Steuerpflicht befreit zu bleiben und weigerten sich, die städtische Rechtsprechung anzuerkennen. Adlige Würdenträger waren weder bereit noch fähig dazu, die Interessen des Bürgertums zu vertreten und wurde für die Seelsorge der Stadtgemeinde als wenig geeignet angesehen. Diesen teilweise scheiternden, gesellschaftlichen Umstrukturierungen war nur eine von vielen Missständen in dieser Zeit. Hinzu kommen Hungersnöte, Dürre, Viehseuchen und Naturkatastrophen. Der Höhepunkt wird mit dem Eintreten der Beulenpest erreicht. Ein Drittel der Gesamtbevölkerung Europas fällt dem Schwarzen Tod zum Opfer.

Die allgegenwärtige Todesgegenwart in der Zeit der Pest hätte eine intensive Ausübung der kirchlichen Amtsträgern gefordert. Doch wurde besonders in dieser Zeit die Seelsorge massiv

---

[2]  Zit. Stede, Marga: Schreiben in der Krise. Die Texte des Heinrich Kaufringers, Trier 1993, S. 296.

vernachlässigt, da die Kleriker beispielsweise den Todeskranken das Sakrament oder die Teilnahme an ihrer Beisetzung verweigerten. Die Menschen, die vergebens auf religiöse Unterstützung warteten, gründeten neue Bruderschaften wie die Celliten oder den Geißlerorden, um ihrem Heilsbedürfnis selbstständig nachkommen zu können.

Den Investiturstreit überwunden, spitzt sich die Lage 1378 wieder zu als Urban VI. den Papststuhl bestieg und als Italiener in Rom residieren wollte. Die französischen Kardinäle fürchteten um ihren Einfluss und wählen Clemens VII. zum Gegenpapst, der seinen Sitz in Avignon hatte. Dieses so genannte große abendländische Schisma währte bis 1417. Die Staaten Europas nahmen an dieser Trennung teil und versuchten die jeweilige Oboedienz zu erweitern. 1409 tagt das Konzil von Pisa, man versucht die Konflikte zu lösen, allerdings erfolglos, da ein dritter Papst gewählt wird. Erst das Konstanzer Konzil, das Johannes XXIII. 1414 unter dem deutschen König Sigismund einberuft, bringt eine Lösung mit sich. Der Anspruch der drei Päpste auf den Heiligen Stuhl wird nichtig gemacht und 1417 wird einstimmig der römische Kardinal Odo Colonna zum Papst gewählt.

Auch nach der Überwindung dieses Konflikts bleibt das Weltbild der Menschen tief erschüttert und die Kirche bildet keine tragende Säule mehr.

Damit einher geht der Antiklerikalismus. Dieser bezeichnet innerhalb von Religionsgemeinschaften eine Position antielitärer Motivation, die sich gegen den Klerus richtet. Außerhalb von Religionsgemeinschaften richtet sich Antiklerikalismus gegen den Klerus stellvertretend für die gesamte Religionsgemeinschaft, der er zugehört, beziehungsweise gegen ihr Bekenntnis.

## 3. Das Klischee der Geistlichen in den Mären

Mit den historischen Umständen wuchs das kritische Bewusstsein der Zeitgenossen und sie wurden für die Missstände sensibilisiert. Sie scheuten nicht mehr davor, diese auch in Literatur zu verarbeiten. Dazu kommt der wachsende Mut der Autoren, menschliche Schwächen mittels satirischer Technik auf Autoritäten wie den Klerus zu übertragen und dadurch die reale Distanz zum ersten Ordo in der spätmittelalterlichen Wirklichkeit in der Fiktion zu verringern. Geistliche werden nur in den seltensten Fällen als würdige Vertreter ihres Amtes dargestellt und werden stattdessen als Sünder charakterisiert, die die selbst gepredigten Verhaltensregeln nicht imstande sind zu befolgen. Neben Habgier, Korruption und Hochmut, ist Sittenlosigkeit eines der besonders schwerwiegenden Frevel mit denen Geistliche in der Literatur des Mittelalters belegt werden.

*Castitate non inbute,*

*sed immundus corde et cute,*

*animarum pro salute missam cantas, o pollute,*

*plenus sorde, plenus mendis*

*ad altare manus tendis*

*quem contempnis, quem offendis,*

*concubinam dum ascendis.*[3]

So steht es in der Carmina Burana geschrieben, die im 11. bis 12. Jahrhundert von überwiegend anonymen Dichtern verfasst wurde und zu den wichtigsten Sammlungen der Vagantendichtung zählt. Sie zeigt deutlich, dass die Furcht vor Verunreinigung durch sexuelle Akte auch immer Mittelalter stark präsent war. „Die Sexualität war für die Kirche eine animalische Komponente des menschlichen Seins, die die Vernunft ausschaltete und lediglich in der Ehe als unumgängliche Voraussetzung für die Erzeugung von Nachkommenschaft geduldet wurde"[4] und dies allerdings auch nur, wenn sie frei von Lust war. Gemäß Paulus' Ansicht: „Es ist gut für den Mann, keine Frau zu berühren"[5] führte Papst Innozenz II im Jahr 1139 das priesterliche Pflichtzölibat ein: „Auf dem zweiten Laterankonzil verbot er nicht nur die Klerikerehe, sondern erklärte auch gleichzeitig alle noch existierenden Ehegemeinschaften von Geistlichen für ungültig"[6]

Die Zölibatsdiskussionen an sich werden in den Mären nicht explizit aufgegriffen, sie thematisieren dafür aber die Folgeerscheinungen der obligatorischen Ehelosigkeit des Priesterstandes. Es geht in diesen weniger um die Suche nach Liebe als um die Befriedigung des reinen sexuellen Triebes.

Dass der Geistliche als Liebhaber und Bettgefährte besonders geschätzt wird, schreibt Beine ihm aufgrund seiner erotische Bildung, sexuellen Ausdauer, körperlichen Vorzüge und animalischen Triebhaftigkeit[7] zu.

Ähnliches gilt für Nonnen um die es in dieser Arbeit gehen soll. Die Unberührtheit und sexuelle Unschuld ist das weibliche Pendant zum Zölibat der Priester. In der altchristlichen Ständeordnung stehen sie vor den Witwen und Ehefrauen, was ein Grund dafür sein mag, dass viele junge Frauen nach dem Mangel an Männern aufgrund der Kreuzzüge freiwillig ins Kloster gingen. Die Motivation war also nicht ausschließlich immer religiös bestimmt, denn ein Leben

---

[3]  Nicht vom Geist der Keuschheit erfüllt, sondern unrein, innerlich und äußerlich, so singst du die Messe für das Heil der Seelen: ein Befleckter! Voller Schmutz, voller Fehler, streckst du die Hände zum Altar hin. Wen verachtest du, wen beleidigst du, wenn du dich auf die Konkubine legst?

[4]  Zit. Beine, Birgit: Die Wolf in der Kutte. Geistliche in den Mären des deutschen Mittelalters, Bielefeld 1999, S. 117.

[5]  Vgl. z.B. Ex. 19, Lev. 22, 3-10.

[6]  Vgl. Beine, Birgit: Der Wolf in der Kutte. Geistliche in den Mären des deutschen Mittelalters, Bielefeld 1999, S. 120.

[7]  Vgl. ebd., S. 123 ff.

als Nonne bot den Frauen wirtschaftliche Sicherheit, soziale Geborgenheit und Selbstständigkeit. Zeitgenossen und männliche Geistliche sehen in Nonnen weniger Diener Gottes und die damit verbundenen Verpflichtungen, sondern die Vorrangstellung eines Lebens in Keuschheit. Das typische Idealbild einer Nonne und das mittelalterliche Klosterleben charakterisiert *Der Sperber:*

| | |
|---|---|
| *Dâ waren vrouwen inne;* | *Ir ieglîch nâch ir ahte,* |
| *die dienden gote mit sinne.* | *worhte, swaz si mahte.* |
| *Die alten und die jungen* | *Nû was, als mit geseit,* |
| *lâsen unde sungen* | *Ir reht und ir gewonheit,* |
| *ziegelîcher tage zît.* | *dat nimmer dahein man,* |
| *Sie dienden gote wider strît,* | *in ir klôster torste gân* |
| *sô si beste kunden.* | *durch deheine sache.* |
| *Si muosten ouch under stunden,* | *Si wâren mit gemache* |
| *sô si niht solden sinden,* | *innerhalp des klôsters tür;* |
| *naen oder borten dringen* | *ir dhein kam her vür* |
| *oder würken an der ran.* | *wan die ampte pflâgen,* |
| *Ir ieglîch wilde es haben scham,* | *an den die misse lâgen;* |
| *diu dâ müezic waere beliben.* | *Die mousten innerhalben sîn.* |
| *Si entwurfen oder schriben.* | |

Das vorbildliche Zusammenleben von Nonnen ist geprägt von dem täglichen Gottesdienst, so wie das Herstellen von Kutten oder anderem. Klösterliche Isolation wird hier besonders hervorgehoben und zeigt, dass sie ihr Kloster unter normalen Umständen nicht verlassen dürfen. Dies erklärt die meist weltfremde und naive Reaktion auf Konfrontation mit ihrer eignen Sexualität.[8] Trotz ihrer Unschuld werden die Nonnen in den meisten Mären als attraktive Frauen beschrieben, denen die klassischen Minneattribute zugeschrieben werden und sie somit erotisieren. Die meisten Mären, die sich mit Nonnen befassen, thematisieren demnach sexuelle Verfehlungen jener.

Obwohl des strengen Keuschheitsgelübdes und Zölibats hielten sich nur die wenigstens Mönche und Nonnen daran. Klerikerehen, die seit 1139 natürlich als Konkubinat galten, waren dennoch noch über Jahrhunderte hinweg alltäglich. Zwar war die Beziehung zu Frauen mit Bußgeld zu bezahlen, diese stellte jedoch eine beachtliche Einnahmequelle für die Kirche dar. Das Zölibat wurde von einigen Pfaffen zwar als Eheverbot interpretiert, sie sahen darin aber nicht ein generelles Verbot für fleischliches Vergnügen.

Das Nonnen überwiegend alles andere als keusch lebte, davon zeugen literarische und bildliche Quellen, sowie Artefakte. Die Ausstellung „Die 7 Todsünden", die das Landesmuseum für

---

[8] Dieses Kriterium wird auch oft von Mönchen aufgegriffen, s. in „Das Häslein", in dem ein Mönch glaubt mit einem Hasen schwanger geworden zu sein.

Klosterkultur in Lichtenau-Dalheim bis 1. November 2015 zeigte, hat unter anderem den „gläsernen Phallus der Äbtissin" des Damenstifts Herford aus dem 16. Jahrhundert ausgestellt. Unüblich, dass Nonnen schon im Mittelalter solche Objekte zur Triebbefriedigung nutzten und diese Gegenstände nicht nur, wie oft behauptet, als Trinkgefäße oder frühneuzeitlichen Scherzartikel genutzt wurden, beweist auch das Bußbuch des Burchard von Worms, welches um das Jahr 1000 erschienen ist:

> *Hast du getan, was manche Frauen zu tun pflegen, nämlich irgendein Werkzeug oder Gerät gemacht, das einem männlichen Glied gleicht, nach dem Maß deines Verlangens, und hast du dies mit Bändern festgemacht an der Stelle deiner Schamteile und hast du Unzucht getrieben mit anderen Frauen? Oder haben andere Frauen mit demselben oder einem anderen Instrument Unzucht getrieben mit dir? Wenn du dies getan hast, musst du 5 Jahre lang an den festgesetzten Tagen fasten. Hast du getan, was manche Frauen gewohnt sind zu tun, wenn sie von quälender Lust geplagt werden und diese lindern wollen? Sie verbinden ihre Geschlechtsteile miteinander und wollen dann, durch sich so aneinander reiben, ihrer beider Lust lindern. Wenn du das getan hast, musst du drei Fastenzeiten lang Buße tun [...]*

Die Umsetzung der Darstellung und die Verarbeitung realhistorischer Tatsachen in den Mären soll die folgende Analyse der ausgewählten Mären zeigen. Besonders deutlich soll die gegensätzliche Darstellung der Nonnen werden, die allerdings immer eine Grundkomponente hat: Erotik und Sexualität.

## 5. Analyse

### 5.1 Die lüsterne Nonne in *Das Nonnenturnier*

Das schwankhafte Märe *Das Nonnenturnier (Der turney von dem czers)* mit einem Umfang von 602 Versen, ist um 1430 von einem anonymen Autor geschrieben worden. Es ist nur in einer Handschrift überliefert, die wohl zwischen 1430 und 1435 in Nordschwaben entstand. Angesichts der Sprachwahl des Autors, des Reim- und Versschemas lässt sich annehmen, dass das Märe im 15. Jahrhundert entstand. Ein Teil der Forschung spricht dafür, dass sich das Märe in die Sub-Gruppe der sogenannten Priapeia einordnen lässt. Einer Gattung, in denen männliche und weibliche Genitalien im Mittelpunkt des Erzählgeschehens stehen, entweder in einem Zustand, in dem sie noch mit ihrem Eigentümer verbunden sind oder ein Eigenleben entfalten und selbstständig agieren und sprechen können. Der Penis wird in den meisten Fällen, egal ob selbstständig oder verbunden mit dem **Man**, als *print, knebel, gemecht, gesell, der eilfte vinger, minnedorn, peccator, penitenzer, gots böβewicht, meiβel, geschirr, flegel, wetzkegel*[9] oder wie in diesem Märe als *zagel* beschrieben.

Es lässt sich in zwei inhaltliche Teile gliedern und beginnt mit der Geschichte eines Ritters, der zahlreiche Nächte mit verschiedenen Frauen verbringt. Er lebt nach der Regel mit jeder Frau nur eine einzige Nacht zu verbringen, was zu einem Konflikt führt, als eine der Damen, die ihn erst nach vielen Bitten für sich gewinnen konnte, sich nicht damit abfinden möchte, dass er in Zukunft nicht mehr das Bett mit ihr teilen wird. Sie droht ihm Rache und soziale Entehrung, falls er sich ihr weiterhin verweigern wolle und rät ihm, dass er sich kastrieren möge, weil nur sein Glied für seinen Ärger verantwortlich wäre. Der Ritter und sein *zagel* geraten in einen Streit und auch letzterer ist der Meinung, es wäre besser für beide Beteiligten, man würde sich voneinander trennen. Er kehrt in die Stadt zurück, nachdem er sich selbst kastriert hat und erntet von den Frauen Hohn und Gelächter. Sie jagen ihn aus der Stadt und er flüchtet sich in eine Höhle im Wald, wo er noch vierunddreißig Jahre in Trauer und Schande lebt, *biβ im der tot das leben nam*, worauf der Text den weiteren Werdegang des zagels beschreibt. Der zweite Teil wird mit folgenden Worten eingeleitet (Vers 289 f.): *„Nu sult ir stille gedagen, so wil ich euch von dem zagel sagen.“* Der Penis verbringt die erste Zeit unter der Treppe zum Kloster, wo der Ritter ihn ablegte. Dort vereinsamt und verzweifelt er und beschließt sich dazu, den Tod zu suchen. Er verlässt sein Versteck und wartet im Klostergang auf die Nonnen, die von der Morgenmesse zurückkehren. Die Nonnen sind empört über sein Auftauchen und drohen ihm Gewalt an. Die Stimmung schlägt sehr überraschend um und einige der Nonnen beginnen darüber zu phantasieren, dass sie ihn in ihrem Zimmer oder unter ihren Röcken verstecken könnten. Die Nonnen geraten in einen Streit, den die Äbtissin mit dem Vorschlag lösen kann, ein Turnier zu veranstalten, in dem der Penis als Trophäe ausgesetzt ist. Am nächsten Tag veranstaltet der Orden ein solches Turnier und reiten unter dem Banner eines schönen nackten Mannes auf das Turnierfeld. Der *zagel* liegt auf einem Seidenkissen und wird so platziert, dass jede Nonne ihn sehen kann. Ein gerechter Kampf findet nicht statt, der Konkurrenzgedanke und die Rivalitäten arten aus, sie verfallen in Hysterie und versuchen ihre Gegnerinnen mit allen Mitteln außer Gefecht zu setzen.

*Das Nonnenturnier* ist wohl die einzige Erzählung ihrer Art und die mediävistische Forschung wusste lange nur wenig mit ihr anzufangen. „Unabweichlich scheint, dass sie ein schlagendes Beispiel für das notorische mittelalterliche Vergnügen an drastischen Inhalten aus den interferierenden Bereichen von Sexualität, Gewalt und schadenbringendem Verhalten liefert, dass sie mit Mitteln der Komik und Parodie arbeitet […] und in misogyner

-9-

---

9  Vgl. Schubert, Ernst: Alltag im Mittelalter: natürliches Lebensumfeld und menschliches Miteinander, Darmstadt 2002, S. 267.

Variante das bekannte Stereotyp des lüsternen Klerikers zitiert."[10]

Peter Strohschneider liest die Gewohnheit des Ritters, immer nur mit einer Frau eine Nacht zu verbringen als Beweis seiner Selbstkontrolle. Diese steht im Kontrast zu den enthemmten Nonnen, was sich als Triumph der männlichen Selbstdisziplin auszeichnet. Ich möchte mich dieser Meinung anschließen und sie etwas ausführen. Dazu möchte ich kurz die Darstellung und das Bild der vom christlichen Glauben geprägten Frau im Mittelalter skizzieren.

Lilith, die erste Frau Adams, wie im Talmud beschrieben[11], ist diesem völlig gleichgestellt und ebenbürtig. Ihr selbstbewusstes Auftreten, ihre Weigerung Adam zu dienen, stießen nicht auf die Zustimmung Gottes, der Adam als Abbild seinesgleichen sah und damit ihren Freiheitswillen als Rebellion gegen sich verstand. Es wird weiterhin erzählt, dass Lilith beim Sex stets oben liegen wollte. Adam aber wollte sich die dominante Position nicht nehmen lassen, und schließlich kam es zum Eklat zwischen den beiden. Die Hinweise über Lilith sind spärlich und stark vom Zeitgeist geprägt. Jahrtausendelang wurde Lilith als verteufeltes Weib dargestellt, die sich Männern als verruchte Verführerin und widerspenstige Gottesgegnerin entgegenstellt, um sie vom rechten Weg abzubringen. Gleichermaßen verfährt es mit Eva, die Adam verführt und Schuld an dem Sündenfall ist. Für diese Sünde sühnen die Frauen nach der Genesis von dort an mit den Schmerzen bei der Geburt: „Unter Mühen sollst du Kinder gebären. Und dein Verlangen nach deinem Manne sein, aber er soll dein Herr sein."[12] Von dem Sündenfall schließt Augustinus auf die Erbsünde und sieht in der Sexualität eines jeden Menschen eine Strafe Gottes. Ein durch Lust entstandenes Kind wird im gleichen Moment der Zeugung mit der Erbsünde befleckt. Im Mittelalter finden sich ferner zahlreiche Paradisdarstellungen, in denen die Schlange mit einem Frauenkopf dargestellt wird.[13] Ebenso werden die sieben Todsünden häufig als Frauen dargestellt.

Die mittelalterlichen Mären greifen überwiegend dieses Frauenbild auf und stellen sie als listige und lüsterne Wesen da, die Männern sowohl Schaden als auch Lust bereiten. Dieses Bild unterstützt auch Jacob Sprenger in seinem Hexenhammer: „Das Weib aber ist ein heimlicher, schmeichelnder Feind [...] Alles geschieht aus fleischlicher Begierde, die bei Frauen unersättlich ist."[14] Sie gelten als labil und zänkisch, widerspenstig und zügellos. Von Natur aus sind sie minderwertiger als Männer und sind ihnen sowohl geistig als auch körperlich unterlegen. Allerdings wurde auch ein Gegenbild, angelehnt an die heilige Maria, konstruiert. Nonnen

---

[10]  Zit. Bloh, Ute von : Heimliche Kämpfe: Frauenturniere in mittelalterlichen Mären. Beiträge zur Geschichte der deutschen Sprache und Literatur 121, Tübingen 1999, S. 219-228.
[11]  Im alten Testament findet man Lilith nur in Jesaja 34,14 als weiblichen Dämon.
[12]  Zit. 1 Mos, Gen 3, 1-16.
[13]  Solche Darstellungen finden man seit dem 12/13. Jahrhundert. Eine solche findet man auch im Konstanzer Münster an einer Kanzel.
[14]  Zit. Sprenger, Jacob: Der Hexenhammer III, ins Deutsche übertragen von J.W.R. Schmidt, Berlin 1906, Nachdruck Darmstadt 1974, S. 84.

nehmen hier einen besondere Stellung ein, sie schweben in einem Zustand zwischen Frömmigkeit und Perversion, zwischen Heilige und Hure. Nicht nur ihre klerikale Stellung, die im Mittelalter ohnehin brisant war, auch ihre Weiblichkeit und die damit einhergehenden zeitgenössischen Vorstellungen, machten sie zum Stoff für schwankhafte Mären. Nicht nur das, sondern auch das Spiel mit dem Verbotenen und dem sexuellen Tabu wird immer wieder aufgegriffen. So auch in *Das Nonnenturnier*.

Um das Märe näher zu analysieren, möchte ich chronologisch am Textgeschehen arbeiten. Hierbei lasse ich den ersten Teil der Geschichte mit dem Ritter als Protagonisten aus, da er irrelevant für die Fragestellung ist.

Nachdem der *zagel* sich im Kreuzgang des Klosters aufgestellt hat und auf sich aufmerksam macht, reagieren die Nonnen mit einer anfänglich Phallus-Aversion: „si schrien alle: »was ist das?« doch sahen sie schiere, was es was."[15] Gerd Dicke führt diese in seiner Arbeit[16] näher aus und behauptet, dass ganz gleich, „ob und wie die Phallus-Aversionen der Heldinnen motiviert sind - bei jungfräulichen zumeist durch sexuelle Naivität bzw. Angst vor der Größe des Gliedes, bei Ehefrauen durch Heuchelei -, ist die misogyne Sinnfunktion des Motivs wie im *Nonnenturnier* die, die phallische Fixierung und sexuelle Unersättlichkeit der Frauen an Handlungen offenzulegen."[17] Der Penis „stößt mit seinem obszönen Auftritt die satirische Umkehrung auf Askese beruhenden Klostergemeinschaft an und verhindert eine kontrollierte Minnekultur. Stattdessen inszeniert er das karnevaleske Prügelritual und löst damit wiederum heiteres Lachen aus."[18] Die Nonnen geben vor ihn anfangs zu verschmähen, aber lieben ihn letztendlich. Genau dieses Motiv greift *Das Nonnenturnier* auf. Eine der Nonnen schlägt vor *„in slahe iede nunne frei, nach dem und sie im veint sei "*[19].

Die übrigen stimmen ihr zu. Sie schlagen auf ihn ein, aber anstatt ihn allerdings tatsächlich zu verjagen, beginnen sie ihn zu foppen und fordern ihn auf, sich in ihren Zellen zu verstecken. Die Erzählung wird durch den Widerspruch zwischen Handlung und Gesagtem erotisiert, indem die Szene Lust und Aggression miteinander verknüpft. Schon Freud ist der Ansicht, dass Sadismus aus einer solchen Vermischung entstehen.[20] Die Gewaltandrohung gehen über in sexuelle Phantasien, die eine der Nonnen formuliert:

*da sprach ein zarte nunne frische:*

*"ach got, möcht ich dich erwischen,*

---

[15] Zit. Das Nonnenturnier, V. 317 ff.
[16] Vgl. Dicke, Gerd : Mären-Priapeia. Deutungsgehalte des Obszönen im ›Nonnenturnier‹ und seinen europäischen Motivverwandten, Halle a.d. Saale , Tübingen 2002.
[17] Zit. ebd. ,S. 266.
[18] Zit. Bachtin, Michail: Rabelais und seine Welt. Volkskultur als Gegenkultur, Frankfurt a.M. 1987, S. 246.
[19] Zit. Das Nonnenturnier, V. 325 ff.
[20] Vgl. Freud, Sigmund: Gesammelte Werke, Vol. 13, Frankfurt 1976, S. 57.

*so wölt ich dich lieplich behalten*

*und sließen in mein kalter*

*und hett manig gemach mit eren."*

*Sie hett in under iren gern gar lieplich gesmuckt*

*und in iren schoß getruckt. ²¹*

Auch die Küsterin, die mit ausgebreiteten Armen auf ihn zueilt und die anderen Nonnen belehrt, der *zagel* sei das wertvollste Objekt auf Erden und sei ihnen von Gott zum Trost geschenkt worden, fordert ihn für sich alleine. Damit greift der Text parodistisch zeitgenössische Darstellungen auf, die auch im *Rosenroman* zu finden sind.

In verschiedenen Bildern wird die verbotene Lust und Sexualität von Nonnen gezeigt, die unter anderem nicht nur, in Umarmungen mit Mönchen dargestellt werden, sondern auch, alleine oder zu zweit, Penisse vom Baum pflücken oder solche von Mönchen überreicht bekommen. Die Nähe solcher Motive zu Schänken wie *Das Nonnenturnier* ist evident.

Es offenbart sich hier nicht nur die landläufige Vorstellung der Sittenlosigkeit des Klosterlebens, sondern auch die negative Charakterisierung von Frauen, die sich auch auf Nonnen übertragen lässt. Die Nonnen werden als lüstern und sexuell unersättlich dargestellt. Dies wird im weiteren Verlauf des Textes näher ausgeführt. Der *zagel* wird von den Nonnen zur Äbtissin gebracht, die ein Turnier vorschlägt, bei dem er als Trophäe ausgesetzt ist. Dieser wird auf ein seidenes Kissen gelegt, wie eine Reliquie, und die Nonnen stellen sich zum Kampf auf. Bis zum Beginn des Turniers scheint es als wäre die Ordnung des Klosters wieder hergestellt:

*zuhant giengen sie alle mit einem grossen schalle*

*herabe uf einen schönen plan,*

*der was gar wünnekleich getan.*

*fürwar ich das sprechen wil, er hett freuden also vil.²²*

Deutlich wird, dass es dem Erzähler um die drastische Darstellung vom Verlust jeglicher Würde und Haltung geht, die auf diese Szene folgt. Als das Turnier schließlich beginnt, stürzen sich vierundzwanzig Nonnen in das Gefecht und kämpfen bis zum Tode. Wunschvorstellungen, dass Frauen jeglicher Art beim Anblick eines Penisses außer Rand und Band geraten, werden bei männlichen Rezipienten - den hauptsächlichen Adressaten – hier erfüllt. Andererseits wird die männliche Angst vor dem *mundus perversus*, einer von Frauen beherrschen Welt, geschürt.²³

Es wird gezeigt, dass die Nonnen in ihrer Massenhysterie jede Art von Grenze und Hierarchie

---

²¹ Zit. Das Nonnenturnier, V. 355 ff.

²² Zit. ebd. , V. 225 ff.

²³ Vgl. Beine, Birgit: Die Wolf in der Kutte. Geistliche in den Mären des deutschen Mittelalters, Bielefeld 1999, S. 277.

auflösen. Die strenge Rangordnung und der soziale Status spielen keine Rolle mehr. Selbst den jüngeren Nonnen wird es gleichgültig, dass ein Abhängigkeitsverhältnis zwischen ihnen und den älteren Nonnen besteht, selbst langjährige Freundschaften werden zerstört:

> *„mein herzeliebe Adelheit, schone mein enwenig baß!*
> *du hast wol neun jare gaß*
> *mein brot und mein essen.«*
> *sie sprach: »des ist vergessen.*
> *gebt mir den zagel drat*
> *oder ich slach euch zu tot. das sage ich euch fürwar,*
> *und schon daran nieman zuvor.*
> *gebt ir mir in nit balde her,*
> *ich brich euch ein auge auß dem schedele!"*[24]

Der Kampf umfasst 147 Verse und endet in absolutem Chaos. Das Turnier selbst kann man als groteske Parodie auf ein ritterliches Turnier deuten. Dieses von den Nonnen durchgeführte Turnier wird mit sämtlichen Metaphern für den Geschlechtsverkehr versehen: „sie worden hart gestoßen"[25], reiten, stoßen und andere.

Die Nonnen selbst werden, sowohl jung als auch alt, mit Schweinen verglichen: *„[...] von kratzen und von beißen, das sie kurren als die seuwe. Manig rittermessig frauwe, die grienen vast als die swein."*[26] Nach Schmidtke versteht man das Schwein im Mittelalter als Inbegriff der Sünde, als dreckiges und lüsternes Tier.[27] Als Schweine dargestellte Nonnen greift auch der niederländische Maler Hiernoymus Bosch (1450-1516) in seinem Dreitafelbild *Der Garten der Lüste* auf, welches um die gleiche Zeit wie *Das Nonnenturnier* entstanden sein mag.[28]

Zusammenfassend lässt sich sagen, dass sich die Vorstellung der Frau als lüsternes, hysterisches Wesen im *Nonnenturnier* absolut bestätigt. Es ist zu erkennen, dass das Bild der „listigen Hure" auch auf Geistliche übertragbar ist.

Warum aber meist Pfaffen anstatt Nonnen der sexuellen Sünde erliegen, ist leicht zu beantworten. Die Thematik der lüsternen und sexuell aktiven Nonne bringt weniger Brisanz mit sich. Der unkeusche Priester stellt immer eine Gefahr für die laikale Welt dar, wenn er mit bürgerlichen Frauen verkehrt. Wenn Nonnen das Gelübde der sexuellen Enthaltsamkeit brechen, geschieht dies immer noch im Rahmen der klösterlichen Isolation, da sie das Kloster nicht verlassen können und dürfen. So kann ein solches Problem nicht in die gesellschaftliche

---

[24]  Zit. Das Nonnenturnier, V. 330-340.
[25]  Zit. ebd. , V. 543.
[26]  Zit. ebd. , V. 515-518.
[27]  Vgl. Schmidtke, Dietrich: Geistliche Tierinterpretationen in der deutschsprachigen Literatur des Mittelalters (1100-1500), Berlin 1968, S. 405-407.
[28]  s. Bilder im Anhang

Ordnung eindringen und diese zerstören. Auch wenn Nonnen eine Liebschaft mit echten Männern und nicht nur alleine mit einem *zagel* eingehen, so hat dies für die Laien keine Konsequenzen. Im Falle einer Schwangerschaft bleibt auch diese geheim und hinter den Mauern des Klosters verborgen.[29]

Dieses Märe offenbar die Liebe der Nonnen zum Phallus und insbesondere die fleischliche Lust. Sie werden als lüsterne und hysterische Frauen dargestellt, die jedwede soziale Komponente verloren und ebenso menschlich-kulturelle Werte. Am Ende bleiben ihnen statt *ere und zucht* nur noch *schand und laster.*[30] Es wird nicht nur die höfische Kultur durch Minne und Turnier parodiert, sondern auch christliche Werte.

### 5.2. Die körperliche Notwendigkeit in *Die Nonne im Bade* und *Gold und zers*

In vielen Mären, nicht nur im Zusammenhang mit Geistlichen, wird Sex als Machtmittel genutzt. In *Das Nonnenturnier* werden die Nonnen als lüstern gezeigt, sie haben eine Fleischeslust, die sie hysterisch werden lässt. Ein anderes Motiv ist das der Triebhaftigkeit und Lebensnotwendigkeit vom Geschlechtsverkehr. Dieses finden wir in den Mären *Die Nonne im Bade* und *Gold und zers.*

Inhaltlich lässt sich das Märe *Die Nonne im Bade* sowohl in das Kapitel der Körperlichen Notwendigkeit sowie „Die naive Nonne" einordnen, da es von zwei unterschiedlichen Nonnen handelt.

Eine jüngere Nonne hört eine junge Frau sagen, dass das *reiben* im Bad löblich wäre. Sie bedauert, dass Nonnen niemals in diesen Genuss kommen würden. Die Nonne eilt daraufhin in das Bad und trifft dort einen Mönch mit einem großen *reibnagel*. Eine alte Frau möchte *ir den leib erkratzen*[31] doch die junge Nonne ist sich sicher, dass sie nur von einem jungen Mann *geriben* werden will.[32] Sie lädt den Mönch in ihr Klosterzimmer ein und er hat sie drei Stunden *geriben*. Als die Äbtissin die Nonne wegen dem Versäumnis der Matutin strafen will,behauptet diese, die Badehitze sei ihr zu Kopf gestiegen, der Mönch habe sie ins Kloster gebracht und ihr einen Psalter vorgelesen. Die Äbtissin bittet diesen, auch ihre Kopfschmerzen wegzureiben und mit ihr zu schlafen, da auch sie oft im Bad gewesen war, aber nie jemand mit ihr hatte schlafen wollen.[33]

---

[29]  Vgl. Beine, Birgit: Die Wolf in der Kutte. Geistliche in den Mären des deutschen Mittelalters, Bielefeld 1999, S. 279.
[30]  Zit. Das Nonneturnier, V. 395-408.
[31]  Zit. Die Nonne im Bade, V. 58.
[32]  Vgl. ebd., V. 62.
[33]  Vgl. ebd., V. 145.

Zahlreiche zeitgenössische Karikaturen[34] zeigen, dass Badehäuser nicht nur die Möglichkeit zur sporadischer Reinlichkeit und einen Treffpunkt zur Geselligkeit gaben, sondern diese als Bad deklarierten Etablissements wohl oft auch als Freudenhäuser dienten.

Das Bad greift in dem Märe *Die Nonne im Bade* eine beliebte erotische Metaphorik auf. Einige der aus dem Badewortschaft stammende Begriffe gehören zum erotischen Vokabular, das auch in diesem Märe aufgegriffen wird, so zum Beispiel das „Reiben". In Peter Schmiehers Märe möchte sich eine junge Nonne von den Vorzügen des *reibens* überzeugen, von denen sie bereits gehört hat. Im eigentlichen Sinne bedeutet dies die Massage vor dem Bad, als sexuelle Metapher ist das „reiben" ein Synonym für den Geschlechtsverkehr. „Hier wird durch die überdeutliche Kontextualisierung und die bis zur Redundanz gesteigerte Wiederholung des Worts „reiben" und seiner Derivate und Komposita wie „Reiber", „ungerieben", „Reibnagel" sehr schnell klar, dass nicht die Massage vor dem Bad gemeint ist, sondern der sexuelle Akt."[35] Wie Reiben wird auch das „Kratzen" im doppelten Sinne verwendet.

Die sexuellen Sehnsüchte der Geistlichen sollen auf Verständnis stoßen, „indem er in der Vorgeschichte der Erzählung zunächst ein Mädchen von den Freuden der körperlichen Liebe schwärmen lässt":[36]

> *ich mag nit ungeriben sin.*
> *Riben ist ein guter sitt,*
> *man meret ie die welt damit;*
> *und westent es die klosterfrauen,*
> *die do leben unverhauen,*
> *das als gut wer das riben,*
> *ie keinü würd im kloster bliben,*
> *sie würden all heruß laufen,*
> *igliche ein riber kaufen.*[37]

Für dieses Kapitel ist es wichtig, das Verhalten und Handeln der Äbtissin genauer zu untersuchen. Diese tritt erst in den letzten 65 Versen auf und erweckt den ersten Eindruck eher unwichtig für den weiteren Textverlauf zu sein.

Nachdem sie die jüngere zurecht gewiesen hat, bittet sie den Mönch sie ebenfalls zu *reiben*, da sie im *haupt krank* sei.[38] Anders als die jüngere Nonne scheint die Äbtissin zu wissen, worum es sich beim *reiben* handelt und glaubt, dies könne ihre vermeintliche Krankheit heilen, bei der es

-15-

---

[34] s. Bilder im Anhang
[35] Zit. Loleit, Simone: Wahrheit, Lüge, Fiktion: Das Bad in der deutschsprachigen Literatur des 16. JH., Bielefeld 2008, S.81.
[36] Zit. Beine, S. 154.
[37] Zit. Die Nonne im Bade, V. 18 ff.
[38] Vgl. ebd. , V. 126 ff.

sich wohl allein um sexuelle Frustration handelt. Dass ab dem Vers 137 der Geschlechtsakt eingesetzt hat, zeigt die Metapher des *rosenvarb mund* der Nonne zu dem sich der Mönch hinab beugt. Nach dem Koitus mit dem Mönch scheint ihre Krankheit geheilt. Zum Dank schenkt sie ihm eine kostbare Schale.

Zum Schluss hin heißt es noch, dass viele stolze Frauen früh wie spät daran denken, sich einen *Reiber* zuzulegen, da sie vor Wollust nachts nicht schlafen könnten.

Dieses Motiv der körperlichen Notwendigkeit wird auch in *Gold und zers* aufgegriffen. In diesem Märe streiten sich ein *zers* (nhd. = männliches Glied) und das Gold, wer von beiden die höheren Stellenwert, bzw. *wirdikait*[39] bei den Frauen innehat. Es entsteht ein Streit zwischen den beiden und sie entscheiden, dass Frauen ihren Wert bestimmen sollen.

Der *zers*, welcher von den Frauen als Bediensteter des Goldes heruntergestuft wird, verliert mit seiner *frostleich gefar*[40] den Streit und beschließt aufgrund der empfundenen Scham, für ein halbes Jahr fortzugehen. Er plant eine List und möchte den Frauen mit seiner Abwesenheit bewusst machen, dass sie sich noch nach ihm sehnen werden. Nach zwei Wochen beginnen die Frauen körperliche Nöte zu leiden. Aus Rache, möchte der *zers* die Frauen in ihren *rauhen flek*[41] stechen. An einem Brunnen, wo er sich herausputzen möchte, begegnet er einer jungen Magd. Von dieser wird er mit Begeisterung zu den anderen Frauen in die Kemenate mitgenommen. Dort setzt er seinen Plan um und sticht die Frau. Nach einer Diskussion der Frauen, wie man das Bleiben des *zers* sichern kann, empfiehlt eine Nonne, ihm die Augen herauszureißen. Diese bindet sich seine Augen an ihr Herz, woraus die Brüste der Frau wachsen. Wann immer ein *zers* weibliche Brüste erblickt, reckt er sich seinen gestohlenen Augen entgegen.

Die Begierde der Nonne sticht in diesem Märe hervor, denn diese erweist sich in der Handhabung und dem weiteren Vorgehen mit dem *zers* nicht nur als besonders einfallsreich, sondern auch als wirksamste. Sie verkörpert hier das „Aufbrechen der Wildnis innerhalb der Zivilisation."[42] Sie hängt sich seine Hoden, hier werden sie als seine Augen genannt, um den Hals und es wachsen ihr zwei Brüste, was dauerhafte Wiedervereinigungswünsche im *zers* weckt.

*Gold und zers* knüpft damit an zwei Aspekte aus *Die Nonne im Bade* an. Zum einen bestätigt es die Aussage der Äbtissin, sie leide körperliche Schmerzen, weil sie nicht *geriben* wird, denn auch die Frauen in diesem Märe bekommen *plattern von der grossen hitze*.[43] Zum anderen zeigt es, dass die Nonnen schon vorher sexuell aktiv gewesen sein muss oder es sein wollte:

---

[39] Zit. Gold und zers, V. 33.
[40] Zit. ebd., V.115.
[41] Zit. ebd. , V.184-185. Als Metapher für die weibliche Vagina zu verstehen.
[42] Zit. Beine S. 275.
[43] Zit. Gold und zers, V. 159.

*ich bin oft in dem bad geseßen,*

*da man mein nit reiben pflag,*

*das ich als eben nie gelag,*

*als ich zu eurem tun.[44]*

Das beliebte Motiv des Geistlichen als bester Liebhaber und erfahren in sexuellen Dingen wird in diesem Märe noch einmal aufgegriffen und auch die Nonne wird dargestellt als hätte sie klare Vorstellung und wüsste in *Gold und zers* genau, wie sie mit einem Penis umzugehen hat und sich ihn gefügig machen kann.

Auffällig ist die ausbleibende Sanktion am Ende des Märe angesichts der sexuellen Aktivität der drei Geistlichen. Zölibatsbruch wird in der Forschung unterschiedlich eingeschätzt. So stützt Eduard Fuchs seine These, „dass die Kirche die Beschränkung der Kleriker auf geistliche Geschlechtspartner als das geringere Übel ansah"[45], auf die Erklärung des Bettelmönchs Magister Heinrich zu Straßburg aus dem Jahre 1261:

*Wenn eine Nonne, von Versuchungen des Fleisches und menschlicher*

*Schwachheit überwältigt, zur Verletzung der Keuschheit getrieben werden,*

*geringere Schuld habe und mehr Nachsicht verdiene, wenn sie einem Kleriker,*

*als wenn sie einem Laien sich hingebe.[46]*

Die Bußvorschriften des englischen Benediktinermönchs Dunstan, dem späteren Erzbischof von Canterbury sagen allerdings anderes. Hier heißt es, dass ein Mönch, der mit einem anderen Mönch oder einer Nonne Unzucht getrieben habe, mit zehn Jahren Haft, bei fleischlicher Kost, unter dauerndem Singen von Klageliedern büßen sollte. Am Ende seines Lebens sollte ihm das kirchliche Begräbnis verweigert werden.[47]

Nach Beine lassen die fehlenden Sanktionen den Schluss zu, „dass sowohl Dichter der Mären als auch ihr Publikum diese Form des „internen" Zölibatsbruchs als nicht so schwerwiegenden empfunden haben."[48] Das mag wohl größtenteils daran liegen, dass sich die laikale Welt von solchen Aktivitäten nicht bedroht gefühlt haben muss, da sie deren Ordnung nicht bedroht oder außer Kraft setzt. Der Akt an sich und mögliche Folgen bleiben hinter Klostermauern verborgen und die Fehltritte der Geistlichen können das Publikum damit zum Lachen anregen.

Gänzlich anders verfährt es mit den folgenden Mären, die nicht unbedingt komisch sein sollen, sondern den Ernst der historischen Realität offenbaren.

---

[44] Zit. Die Nonne im Bade, V. 144ff.
[45] Zit. Fuchs, Eduard: Illustrierte Sittengeschichte, Bd. 2, Frankfurt a. Main 1985, S.39.
[46] Zit. Mansi, Joannes Dominicus (Hg.): Sacrorum conciliorum novae et amplissima collectio, Bd. 22/23, Paris und Leipzig 1903, S. 1106.
[47] Vgl. Taylor, Gordon Rattray: Wandlungen der Sexualität, Düsseldorf und Köln 1957, S. 53.
[48] Zit. Beine S. 160.

## 5.3 Die naive Nonne in *Der Guardian* und *Der Sperber*

Eine handvoll Mären stellt die Nonnen nicht als Wollüstige dar, sondern als naive und unerfahrene Frauen, die sich von Männern überlisten lassen und von diesen zum Geschlechtsverkehr bewegt werden.

Das Märe von *Der Guardian* erzählt von einer Mutter mit zwei Töchter, die zusammen den Gardian[49] in ihrem Haus empfangen. Dieser rät der Mutter die beiden zu verheiraten und das mit keinem geringeren als mit dem Herrn Jesus Christus. Eine der beiden Töchter nimmt diesen Rat an und wird zu einer Braut Christi. Der Gardian schneidet ihr die Haare, legt ihr die Kutte an und spricht, dass sie nie wieder mit Männern verkehren darf, außer es handele sich dabei um *schulmaister oder pfaffen.*[50] Sie wird zu dem Kloster gebracht, wo sie über ein Jahr bleibt. Ein anderer Gardian kehrt zu ihrem Elternhaus zurück und trifft die zurückgebliebene Schwester alleine an. Auch sie soll eine Braut Christi werden. Sie erzählt ihm aber, dass ihre Schwester, die von dem anderen Gardian geholt worden war, nun sein Kind austrägt. Nachdem die Mutter sich erst weigert, ihre schwangere Tochter zu sehen, kommt es schließlich doch zu einem Treffen, in dem diese erzählt, der Gardian habe ihr Buße versprochen, wenn sie mit ihm schlafe. Die jüngere Schwester stellt ihr die Frage, warum sie sich habe verführen lassen und ob sie nicht genug an Jesus Christus habe. Die Ältere erklärt ihr, er habe gesagt, *er seß an gotes stat und mcht pinden und enpinden.*[51] Während die jüngere Schwester sie zu belehren versucht, sieht die Mutter ein, dass die Hälfte der Schuld bei ihr liegt. *Und hüt man sich, das ist mein rat, vor dem wolf, der in schwarzen kutten gat,* rät sie am Schluss des Märe.

Zuallererst möchte ich darauf hinweisen, dass auch in diesem Märe das Motiv der Bräute Christi aufgegriffen wird. Das Märe spielt mit der Metapher und der Naivität der geschwängerten Schwester, die sich als tatsächliche Ehefrau Jesus Christi sieht, den sie mit dem Gardian betrogen hat.

> *Do sprach die junger schwester:*
> *„so das dich got imer lester!*
> *Mainstu Jhesum zu einem man*
> *und tregst ein kint peim gardian.*
> *Hestu nit an Jhesum genug?"*[52]

---

[49] In der Forschungsliteratur wir der Mönch in dem Märe als Gardian statt Guardian betitelt. Dies wurde in dieser Arbeit übernommen.
[50] Zit. Der Guardian, V.102.
[51] Zit. ebd. , V.290 ff.
[52] Zit. ebd. , V. 284 ff.

Das Märe greift nicht nur das Klischee der Unkeusche der Geistlichen auf, sondern macht auch die anderen Vergehen deutlich, unter anderem die klerikale Habgier. So fordert der Gardian die verführte Schwester dazu auf, die Laien um Geld und Nahrungsmittel zu bitten, um seine Genusssucht zu stillen.[53] Neben dieser Korruption mit dem Ziel der materiellen Bereicherung zeigt sich besonders hier der geistliche Amtsmissbrauch. Die junge Nonne wird mittels perfider Bußargumentation zum Beischlaf bewegt. Möchte sie all ihre Sünden büßen, so solle sie sich für ihn auf den Rücken legen.[54] Er nutzt die Institution, um die Nonne zu einer Sünde zu bewegen, wobei er sie doch eigentlich mittels diesen Akts von diesen befreien möchte. Das ahnungslose und naive Mädchen lässt sich dazu verführen aus Angst vor der ewigen Verdammnis.

Der Rezipient erkennt den Ernst dieser Märe. Anders ist es in der *Nonne im Bade*, der eine gewisse Komik einhergeht. Die Lüsternheit der Äbtissin und des Mönchs, der sich zu Befriedigung der Gelüste der jüngeren Nonne anbietet, soll belacht werden. Der Zölibatsbruch in *Der Guardian* wiegt ungleich schwerer. Es geht hier nicht alleine um den Bruch des Keuschheitsgelübdes, sondern dass der Mönch sein Amt und die Sakramentsvollmacht missbraucht, um die Frau zur Sünde zu verführen. Ihr Seelenheil liegt ihm hierbei nicht am Herzen, sondern alleine ihre Nützlichkeit für ihn und den gesamten Orden.[55] [56] Dass dies nicht nur Fiktion sondern ein historisch belegbares Problem war, zeigt die *De ruina ecclesia*, in der es heißt:

> *Nam quid, obsecro, aliud sunt hoc tempore puellarum monasteria, nisi quaedam, non dico Dei sanctuaria, sed Veneris execranda prostibula, sed lascivorum et impudicorum juvenum ad libidines explendas receptacula.* [57]

Das Märe zeigt die Schande des Mädchens, das letztendlich in das Haus der Mutter zurückkehrt, aber von der Gesellschaft geächtet bleiben wird. Die Bestrafung des Gardians beschränkt sich währenddessen darauf, dass er das Kloster verlassen muss, was wohl auf eine gewisse Nachlässigkeit der geistlichen Gerichtsbarkeit hinweist und zu erkennen gibt, dass „dem kirchlichen Rechtssystem – wohl um die eigenen Autorität des Klerus insgesamt zu wahren - wenig daran gelegen war die Verstöße der Kleriker aufzudecken und zu ahnden."[58]

Ähnlich verfährt es in dem Märe *Der Sperber. Der Text entstand vermutlich in der ersten Hälfte des 13. Jahrhunderts im nördlichen Alemannien und ist neben dem ‚Herzmaere' eines der am*

---

[53] Vgl. Der Guardian, V. 108 ff.
[54] Vgl. ebd. , V. 293.
[55] Vgl. Beine, S. 155.
[56] Vgl. Der Guardian, V. 90 ff.
[57] Zit. Theiner, Johann Anton und Augustin: Die Einführung der erzwungenen Ehelosigkeit bei den christlichen Geistlichen und ihre Folgen, Bd. 3, Altenburg 1845, S. 64. Übersetzung: Denn was sind, bitte schön, zu dieser Zeit die Klöster der jungen Frauen anderes, ich nenne sie nicht Heiligtümer Gottes, sondern zu verfluchende Bordelle der Venus, Schlupfwinkel zügelloser und schamloser junger Männer zur Befriedigung ihrer Leidenschaften. [...]
[58] Zit. Beine, S. 159.

*häufigsten überlieferten Märe überhaupt.unter dem Themenkreis „Verführung und erotische Naivität" wird die vorliegende Kurzerzählung von Hanns Fischer in seiner grundlegenden Untersuchung zur deutschen Märendichtung eingeteilt.*[59]

Nach einer kurzen Einführung wird in dem Märe das Bild eines idealisierten Klosterlebens beschrieben: die Nonnen beten und singen, schreiben sowie lesen und verbringen den Rest ihrer Zeit mit kleinen Hand- oder Gartenarbeiten. An Bildung fehlt es den Nonnen demnach nicht. Nur Männer dürfen das Kloster nicht betreten: *nu was, als mir ist geseit, ir reht und ir gewonheit, daz niemer dehein man in ir kloster torste gân durch deheine sache.*[60] Demut, Gehorsam und Keuschheit sowie religiöse Formung waren die Grundpfeiler der Ordensregeln aller Frauengemeinschaften. Ihr ganzes Leben richtet sich nach klösterlichen Regeln, um die Vereinigung mit Gott zu erreichen. Keuschheit und Jungfräulichkeit war daher eine Grundlage für das Leben im Kloster: *Ez lêrte diu schuolemeisterîn die jungen singen unde lesen, wie si mit zühten solden wesen, beidiu sprechen unde gân, ze kôre nîgen unde stân, als in der orden gebôt.*[61]

Es folgen hierauf aber die bereits erwähnten Anspielungen von Damen, die der Minne überaus wert sind. Ihre Münder waren so rot, dass Gott ihnen keine Bitte abschlagen konnte. An dieser Stelle wird auf das spätere Motiv der Verführung vorgegriffen. Es wird also schon zu Anfang eine Atmosphäre der klösterlichen Erotik geschaffen. Das Scheren der Haare, das Kleiden in unförmige Kutten, damit die Weiblichkeit verhüllt wird, das alles deutet darauf hin, dass die Nonnen ihre Sexualität nicht verleugnen können.

Auch die junge Nonne, die Protagonistin des Märe, repräsentiert nicht nur geistliche Attribute. Sie wird als überaus schön dargestellt. Eine Schönheit, die man an *schoenen vrouwen gert*, welche aber hinter Klostermauern weder gewürdigt, noch eine Rolle spielt. Negativ wird allerdings die Folge ihrer Isolation ausgelegt. Sie ist auf das Wissen und die Erfahrungen beschränkt, die sie im Kloster bei den Nonnen lernt: *daz si der liute was ein gast, daz si in dem lande weder liute noch site erkande, des man ûzerhalben pflac.*[62]

Doch sie wagt es, dass Kloster zu verlassen und auf ihrem Weg trifft sie auf einen Ritter. Sie kann diesen und seinen Greifvogel nicht benennen, was sie naiv und einfältig wirken lässt.[63] Die Übertreibung ihrer Unwissenheit wird unter anderen darin aufgegriffen, dass sie den Greifen als *vogelîn* bezeichnet, von dem sie erwartet, *daz es vil suoze singet*[64].

---

[59] Vgl. Fischer, Hanns: Studien zur deutschen Märendichtung, Tübingen 1983, S. 97.
[60] Zit. Der Sperber, V. 27 ff.
[61] Zit. ebd. , V. 38 ff.
[62] Zit. ebd. , V. 27 ff.
[63] Vgl. ebd. , V. 107 ff.
[64] Zit. ebd. , V. 103.

So bittet sie den Ritter, nachdem sie von der Äbtissin getadelt wurde, ihr ihre Minne zurückzugeben und den Vogel wieder zurückzunehmen. Der Leser zweifelt nicht an ihrer Unwissenheit, denn ein einziges Mal mit dem Ritter reicht ihr nicht. Um sicher zu gehen, dass sie ihre Minne wiederbekommt, schläft sie drei Mal mit ihm und ist überzeugt von seiner Güte. All dies erzählt sie der Äbtissin und behauptet, auch der Ritter würde aufgrund seiner positiven Charaktereigenschaften ebenfalls gut ins Kloster passen.

Dem Rezipienten mag die anfängliche Naivität der Nonne zwar unterhaltsam und komisch vorkommen, doch die moralische Belehrung am Ende des Märe, dass man Menschen, denen solch ein Schaden zugefügt wurde, nicht zürnen, sondern Güte zeigen soll, macht den ernsten Unterton deutlich.

## 6. Auswertung und Fazit

Im Folgenden möchte ich die wichtigsten Ergebnisse dieser Arbeit noch einmal zusammenfassen und auswerten.

Der historische Abriss soll deutlich gemacht haben, dass das Weltbild der Menschen durch die Kalamitäten des Mittelalters stark erschüttert wurde. Die mangelnde Ausführung ihres Amtes in diesen schweren Zeiten trug dazu bei, dass die Kirche als tragende Säule nicht mehr weiterbestand. Die Zeitgenossen, die durch diese Ereignisse besonders für solche Missstände sensibilisiert wurden, verarbeiten ihre Meinung und Unmut zum Teil in der Literatur. Bußbücher, Predigten und anderes, in denen die vermeintlich zugeschriebenen Verfehlungen von Geistlichen klar wurden, waren auch für diese zugänglich und einsehbar. Eine Nonne, die „getan, was manche Frauen zu tun pflegen, nämlich irgendein Werkzeug oder Gerät gemacht, das einem männlichen Glied gleicht", wird beim mittelalterlichen Rezipienten als komisch empfunden. Es schien allgemein bekannt, dass junge Töchter und Witwen die größte soziale Sicherheit in Klöstern fanden und die eigentliche Motivation der Ordination nicht die Religiosität war. Das Bild der lüsternen, triebhaften Nonne entwickelt sich nicht nur aufgrund dessen, sondern resultiert teilweise auch aus dem zeitgenössischen, biblischen Frauenbild. Die Frau wird hier als listiges und sexuelles, für böse Dämonen anfälliges Wesen dargestellt, das sich leicht verführen lässt und schnell in Hysterie ausbricht. Am wohl besten wurde eben dieses Frauenbild auf die Nonnen in *Das Nonnenturnier* übertragen. Das dieses Märe zum Lachen anregen soll, zeigen nicht die vor Wollust hysterischen Nonnen, sondern auch die Wortwahl, zahlreiche Parodien auf höfische und christliche Werte und das Ausbleiben einer ernstzunehmenden Moral.

Mönche wie Nonnen, die ihr Keuschheitsgelübde aufgrund ihres sexuellen Triebes brechen, ist ein immer wieder auftauchendes Motiv in den Mären und Schwankliteratur, die zum großen Teil nur zur Unterhaltung dienen sollen. Das dieser sexuelle Trieb nicht nur am mangelnden Glauben liegt, sondern auch als körperliche Notwendigkeit ausgelegt werden kann, zeigen die Mären vom *Gold und zers* und *Die Nonne im Bade*. Diese könnten als kritische Äußerung der Bevölkerung infolge der Zölibatsauferlegung und Auflösung der Klerikerehen durch den Papst verstanden werden. Dass auch dies nicht ganz so ernst genommen wird, zeigt schon die Bemerkung der Dame in *Die Nonne im Bade*, sie bedauere es, dass Geistliche nie in den Genuss des *Reibens* kommen würden.

Es gibt allerdings auch Ausnahmen wie in *Der Guardian* und *Der Sperber*. Hier werden die Folgen von Zölibat, Eheverbot und Isolation des klösterlichen Lebens deutlich. Auch in diesen Mären bedienen sich die Autoren historischer Fakten und machen die Minderstellung der Frau klar. Die Ordination der Nonnen bringt nicht nur den Vorteil der sozialen Sicherheit mit sich, sondern macht sie für Ordensbrüder und Pfaffen verfügbar. In diesen Mären wird das Gegenbild angelehnt an Maria konstruiert, einer Heiligen, Unberührten und Unschuldigen.

Solche Mären mit ernstem Unterton und einer Moral wie *„Und hüt man sich, das ist mein rat, vor dem wolf, der in schwarzen kutten gat"* sind selten und das aus genanntem Grund. Das Bild einer naiven und verführten, aber auch das einer lüsternen Nonne bringt weniger Brisanz mit sich als ein Pfaffe. Dieser tritt mit Verlassen des Klosters in die laikale Welt ein und alle Probleme, die er dort verursacht bleiben zum großen Teil dort und/oder werden aufgrund dessen von der Bevölkerung wahrgenommen. Eine unkeusche Nonne, deren Verfehlungen in einer Schwangerschaft deutlich wird, wird nicht der Lächerlichkeit der gemeinen Bevölkerung ausgeliefert, sondern erträgt die Folgen isoliert hinter Klostermauern.

**Abbildungen**

Abbildungen aus urheberrechtlichen Gründen für die Veröffentlichung entfernt.

| | |
|---|---|
| Abb. 1 : Notre Dame, Sockelrelief am Trumeaupfeiler. Der Sündenfall. Schlange mit dem Haupt einer Frau | Abb. 2: Hieronymus Bosch: Garten der Lüste, Die Hölle. Um 1500 Darstellung einer Nonne als Schwein |
| Abb. 3: Ausschnitt aus einem Fresko im Castello della Manta. 14. Jahrhundert. Erotik in Badehäusern | Abb. 4: Anonym: Illustration zu „Histoire de Dom Bourge, Portier des Chartreux, Écrite par lui-même". Frankreich 1748. Nonnen mit einem *zagel* |
| Abb. 5: Rosenroman. Frankreich 13. Jahrhundert Nonne bei der Ernte am Phallusbaum | |

# Literaturverzeichnis

## Forschungsliteratur

Bachtin, Michail: Rabelais und seine Welt. Volkskultur als Gegenkultur, Frankfurt a.M. 1987.

Beine, Birgit: Die Wolf in der Kutte. Geistliche in den Mären des deutschen Mittelalters, Bielefeld 1999.

Bloh, Ute von : Heimliche Kämpfe: Frauenturniere in mittelalterlichen Mären. Beiträge zur Geschichte der deutschen Sprache und Literatur 121, Tübingen 1999.

Fischer, Hanns: Studien zur deutschen Märendichtung, Tübingen 1983.

Fuchs, Eduard: Illustrierte Sittengeschichte in sechs Bänden (1902-1912), Ausgewählt und eingeleitet von Thomas Huonker, Bd. 2, Frankfurt a. Main 1985.

Freud, Sigmund: Gesammelte Werke, Vol. 13, Frankfurt 1976.

Dicke, Gerd: Mären-Priapeia. Deutungsgehalte des Obszönen im ›Nonnenturnier‹ und seinen europäischen Motivverwandten, in: Beiträge zur Geschichte der deutschen Sprache und Literatur, Bd. 124,Halle a. d. Saale, Tübingen 2002.

Loleit, Simone: Wahrheit, Lüge, Fiktion: Das Bad in der deutschsprachigen Literatur des 16. JH., Bielefeld 2008.

Mansi, Joannes Dominicus (Hg.): Sacrorum conciliorum novae et amplissima collectio, Bd. 22/23, Paris und Leipzig 1903.

Schmidtke, Dietrich: Geistliche Tierinterpretationen in der deutschsprachigen Literatur des Mittelalters (1100-1500), Berlin 1968.

Schmitt, Kerstin: Poetik der Montage. Figurenkonzeption und Intertexualität in der Kudrun, in: Philologische Studien und Quellen, Band 174, Berlin 2002.

Schubert, Ernst: Alltag im Mittelalter: natürliches Lebensumfeld und menschliches Miteinander, Darmstadt 2002.

Sprenger, Jacob: Der Hexenhammer III, ins Deutsche übertragen von J.W.R. Schmidt, Berlin 1906, Nachdruck Darmstadt 1974.

Stede, Marga: Schreiben in der Krise. Die Texte des Heinrich Kaufringers, Trier 1993.

Taylor, Gordon Rattray: Wandlungen der Sexualität, Düsseldorf und Köln 1957.

Theiner, Johann Anton und Augustin: Die Einführung der erzwungenen Ehelosigkeit bei den christlichen Geistlichen und ihre Folgen, Bd. 3, Altenburg 1845.

**Primärliteratur**

Anonym: Carmina Burana, 11. und 12. Jahrhundert.

Anonym: Der Sperber, 13. Jahrhundert.

Anonym: Das Nonnenturnier, 15. Jahrhundert.

Anonym: Gold und zers, 15. Jahrhundert.

Anonym: Der Guardian, 15. Jahrhundert.

Burchardi Wormaciensis: Ecclesiae episcopi Decretorum libri XX ex consiliis et orthodoxorum patrum decretis tum etiam diversarum nationum synodis, Köln 1548.

Die Bibel. Nach der Übersetzung Martin Luthers, Stuttgart 1985.

Guillaume de Lorris u.a. : Rosenroman, 13. Jahrhundert.

Schmieher, Peter: Die Nonne im Bade, 15. Jahrhundert.